Ricky Roogle

Das Mathe Ausmalbuch für Am@ng.us Fans

KEIN OFFIZIELLES INNERSLOTH-PRODUKT. NICHT VON INNERSLOTH GENEHMIGT ODER MIT INNERSLOTH VERBUNDEN.

Inhaltsangabe: Seite

Bibliografische Information der Deutschen Nationalbibliothek:
Die Deutsche Nationalbibliothek verzeichnet diese Publikation in der Deutschen Nationalbibliografie; detaillierte bibliografische
Daten sind im Internet über http://dnb.dnb.de abrufbar.

Kontakt Autor: ricky.roogle@t-online.de

Herstellung und Verlag: BoD – Books on Demand, Norderstedt
ISBN: 9783752640717

1. Crewmate Käsehut (Basis Addition)

4+6	3+7	4+2	1+5	6+0	4+2	2+4	3+3	1+5	6+0	0+6	3+3	5+1	4+6	3+7	10+0	7+3	8+2
3+7	2+8	3+3	2+3	5+0	3+2	4+1	2+3	1+4	0+5	3+2	2+3	5+0	0+6	3+3	5+5	2+8	3+7
4+6	1+9	5+5	5+1	0+5	1+4	2+3	5+0	3+2	1+4	2+3	5+0	4+1	3+2	0+5	1+5	3+7	4+6
7+3	4+6	10+0	4+2	2+4	0+6	3+3	5+1	6+0	4+2	5+1	0+6	3+3	5+1	4+2	0+6	5+5	7+3
2+8	3+7	4+6	3+3	5+0	2+2	1+3	4+0	3+1	0+5	2+2	0+4	4+1	1+3	3+2	5+1	3+7	2+8
5+5	0+10	6+4	5+5	5+1	3+2	4+1	2+2	1+3	4+0	2+3	1+4	4+0	3+1	0+4	4+2	7+3	5+5
4+6	3+7	2+8	4+6	4+2	1+4	0+5	3+1	0+4	2+2	4+1	3+2	2+2	1+3	4+0	3+3	9+1	4+6
7+3	8+2	9+1	3+3	5+0	4+0	1+3	4+1	2+2	3+1	0+5	2+3	3+1	0+4	3+2	6+0	1+9	3+7
2+8	3+7	2+8	5+1	3+3	4+2	1+5	6+0	0+6	3+3	5+1	4+2	2+4	3+3	4+2	5+1	2+8	7+3
3+7	4+6	1+9	6+4	4+2	3+4	4+3	2+5	6+1	4+2	1+5	6+0	4+2	2+4	3+3	5+5	1+9	5+5
5+5	7+3	4+6	2+8	5+1	1+6	2+5	1+6	3+3	0+1	1+1	1+0	0+1	1+1	1+0	6+0	4+6	10+0
3+7	4+6	0+6	3+3	2+4	4+3	5+2	4+2	3+0	1+1	0+1	1+0					4+2	9+1
2+7	5+1	3+4	2+5	6+0	7+0	1+6	6+0	2+1	3+0	1+2	1+1	1+0	0+1	1+1	1+0	3+3	9+0
3+6	2+4	3+5	7+1	3+3	3+4	4+3	3+3	1+2	0+3	2+1	0+3	3+0	2+1	0+3	1+2	5+1	4+5
7+2	6+0	8+0	4+4	5+1	2+5	6+1	1+6	2+4	2+1	3+0	1+2	0+3	1+2	0+3	2+4	5+4	3+6
4+5	0+6	0+8	3+5	4+2	5+3	5+2	3+4	4+3	1+5	6+0	4+2	5+1	6+0	4+2	5+1	8+1	1+8
2+7	2+4	4+4	8+0	3+3	8+0	3+5	2+5	1+6	6+1	5+2	1+6	3+4	0+7	2+5	2+4	2+7	6+3
4+5	4+2	3+5	0+8	5+1	6+2	8+0	3+5	3+4	7+0	1+6	3+4	2+5	5+2	1+7	6+0	3+6	5+4
5+4	3+3	6+2	7+1	2+4	4+4	0+8	7+1	6+2	2+5	7+0	1+6	4+3	6+2	8+0	3+3	2+7	0+9
6+3	5+1	1+7	4+4	6+0	3+5	1+7	4+4	1+7	7+1	6+2	8+0	3+5	2+6	7+1	2+4	4+5	5+4
3+6	3+6	6+0	2+4	3+3	6+2	8+0	3+5	4+4	0+8	7+1	3+5	1+7	4+4	2+6	4+2	2+7	8+1
8+1	1+8	5+4	8+1	2+4	7+1	6+2	0+8	4+2	1+5	6+0	2+4	3+3	8+0	3+5	3+3	4+5	2+7
4+5	5+4	6+3	2+7	5+1	4+4	7+1	6+2	3+3	5+4	3+6	3+3	5+3	0+8	6+2	5+1	5+4	8+1
2+7	7+2	5+4	0+9	2+4	2+6	8+0	3+5	5+1	2+7	1+8	4+2	8+0	1+7	7+1	2+4	6+3	2+7
3+6	8+1	1+8	5+4	6+0	5+3	1+7	7+1	2+4	8+1	5+4	5+1	6+2	8+0	4+4	3+3	3+6	8+1
5+4	2+7	7+2	8+1	9+0	3+3	5+1	4+2	1+8	6+3	2+7	3+6	4+2	1+5	6+0	7+2	1+8	2+7

Schlüssel:

leeres Kästchen = weiß

2. Crewmate Polizist (Basis Addition)

3+7	5+5	4+6	7+3	2+8	4+6	5+5	0+10	6+4	5+5	7+3	9+1	4+4	0+8	7+1	3+5	1+7	4+6
4+6	3+7	3+7	4+6	1+9	6+4	7+3	2+8	10+0	6+2	8+0	3+5	2+4	3+3	4+2	5+1	4+4	3+7
7+3	6+4	5+5	7+3	4+6	2+8	9+1	3+5	1+7	3+3	4+2	1+5	6+0	0+1	1+1	2+4	3+5	7+3
2+8	1+9	8+2	9+1	7+3	8+0	3+5	3+3	5+1	4+2	2+4	3+3	2+4	1+1	0+1	4+4	6+4	8+2
5+5	9+1	3+7	2+8	3+5	5+1	6+0	4+2	5+1	1+7	4+4	1+7	7+1	4+4	0+8	1+7	2+6	5+5
4+6	2+8	4+6	1+9	8+0	4+4	1+7	7+1	6+2								4+4	10+0
3+7	1+9	7+3	4+6	0+8	3+5	4+4	0+8	7+1	4+4	1+7	3+5	1+7	4+4	1+7	7+1	6+2	3+7
1+9	5+5	9+1	3+7	7+1	3+4	6+1	2+5	1+6	6+1	5+2	1+6	3+4	0+7	4+4	9+1	3+7	2+8
4+6	10+0	2+8	7+3	8+0	2+5	4+3	7+0	6+1	7+1	6+2	8+0	4+4	0+8	7+1	3+7	8+2	4+6
9+1	3+7	5+5	3+7	6+2	5+2	7+0	4+3	2+6	2+7	5+4	6+3	8+1			2+6	6+4	5+5
2+8	7+3	7+1	4+4	1+7	1+6	3+4	4+4	4+1	8+1	2+7	5+4					6+2	3+7
3+7	6+2	1+6	3+4	8+0	4+3	2+5	3+5	2+3	5+0	5+4	0+9	5+4	6+3	2+7	9+0	1+7	7+3
8+2	2+6	4+3	2+2	1+7	6+1	4+3	6+2	0+5	4+1	2+3	1+4	0+5	3+2	2+3	4+1	4+4	6+4
5+5	4+4	4+0	3+1	5+3	5+2	1+6	3+4	4+4	2+3	5+0	3+2	1+4	2+3	5+0	3+5	1+9	9+1
10+0	8+0	2+2	1+3	8+0	3+2	2+5	6+1	4+3	2+6	3+5	1+7	4+4	1+7	5+3	7+1	2+8	8+2
3+7	0+8	3+1	0+4	6+2	1+4	2+3	1+6	5+2	6+1	3+4	0+7	2+5	4+3	4+1	4+4	1+9	4+6
2+8	1+7	1+3	4+0	4+4	5+0	3+2	4+1	2+3	0+8	6+2	3+2	2+3	5+0	1+1	3+5	10+0	7+3
1+9	8+0	0+4	2+2	3+5	0+5	1+4	2+3	5+0	1+7	7+1	2+3	0+5	4+1	3+2	8+0	3+7	9+1
4+6	4+4	2+2	3+1	6+2	2+1	0+3	4+4	3+1	0+4	2+2	1+3	4+4	0+8	7+1	6+2	7+3	2+8
5+4	8+1	0+8	7+1	1+7	3+0	1+2	5+1	4+2	1+5	3+3	5+1	4+2	1+5	6+0	3+5	1+8	4+5
6+3	2+7	1+8	5+4	4+4	2+1	4+2	3+3	2+4	3+3	4+2	1+5	3+3	4+4	4+2	7+1	5+4	6+3
5+4	0+9	4+5	6+3	6+2	2+4	0+6	4+2	6+2	1+7	4+4	3+5	2+6	3+3	2+4	3+5	2+7	5+4
8+1	5+4	2+7	5+4	5+3	6+0	1+5	6+0	3+5	2+7	0+9	8+0	3+3	4+2	3+3	6+2	8+1	1+8
2+7	8+1	3+6	7+2	6+2	4+2	3+3	2+4	6+2	4+5	5+4	6+2	4+2	0+6	2+4	7+1	2+7	7+2
5+4	2+7	9+0	8+1	3+5	2+2	1+3	3+1	7+1	2+7	8+1	3+5	4+0	3+1	0+4	4+4	8+1	5+4
3+6	8+1	1+8	5+4	6+3	8+0	4+4	1+7	3+6	4+5	2+7	1+8	4+4	1+7	3+5	4+5	6+3	2+7

Schlüssel:

leeres Kästchen = weiß

10 hellgrün **9** hellblau **8** schwarz **7** hellgrau **6** dunkelblau

5 blau **4** grau **3** braun **1-2** gelb

3. Crewmitglied Fluglotse (Basis Subtraktion)

4-2	2-0	8-6	3-1	9-7	8-6	2-0	6-2	7-3	8-4	5-3	8-6	10-8	3-1	8-6	8-6	7-5	9-7
5-3	8-6	3-1	2-0	7-5	10-6	5-1	10-0	11-1	10-0	5-1	10-6	9-7	2-0	5-3	3-1	9-7	7-5
3-1	9-7	10-8	3-1	8-4	10-4	9-3	10-6	5-1	10-6	7-1	8-2	10-6	8-4	9-7	10-8	7-5	4-2
9-7	3-1	9-7	9-5	6-0	7-1	9-5	8-4	10-6	5-1	4-0	7-3	10-4	7-1	7-3	9-7	2-0	5-3
7-5	8-6	7-3	11-1	5-1	10-6	9-6	8-5	4-1	8-5	5-2	10-7	9-5	8-4	10-0	10-6	8-6	3-1
2-0	3-1	8-4	10-0	8-4	8-5	7-4	6-3	7-4	6-3	4-1	8-5	6-0	10-6	11-1	5-1	3-1	6-4
7-5	10-8	10-6	5-1	7-3	10-6	5-1	4-0	8-5	10-7	7-4	6-3	10-4	5-1	10-0	10-6	10-8	8-6
9-7	2-0	7-3					8-0	5-1	3-0	4-1	7-4	9-3	8-4	11-1	5-1	9-7	2-0
6-4	5-1					8-0	10-2	9-1	9-5	10-7	6-3	8-5	7-1	9-5	10-6	5-3	7-5
8-6	10-6	8-0	9-1	10-2	9-1	10-2	9-1	9-2	5-1	7-4	3-0	6-3	8-4	5-2	3-0	9-5	9-7
10-8	9-5	7-0	8-1	9-2	10-3	8-1	7-0	8-1	10-6	5-2	8-5	10-7	10-6	8-3	4-1	5-1	8-6
8-6	10-8	7-3	9-2	8-1	7-0	9-2	10-3	5-1	9-6	4-1	3-0	9-6	5-1	7-2	9-4	8-4	9-7
3-1	2-0	4-2	8-4	5-1	10-6	8-4	5-1	7-3	7-4	8-5	6-3	9-0	10-6	6-1	5-0	10-6	10-8
8-7	1-0	5-4	10-6	9-0	5-2	3-0	4-1	7-4	4-1	3-0		10-1	8-4	10-5	8-3	5-1	10-9
4-3	3-2	9-8	5-1	10-1		9-0	9-4	7-2	10-5	10-1		9-0	6-2	7-2	6-1	10-6	4-3
3-2	7-6	8-7	10-6					8-3					7-3	6-1	5-0	9-5	3-2
4-3	8-7	10-9	5-1	10-1	9-0	10-1	9-0	10-4	10-1	9-0	10-1	9-0	8-4	5-0	9-4	5-1	4-3
7-6	10-9	9-8	10-6	5-1	6-2	7-3	8-4	10-6	8-4	9-5	10-6	5-1	10-6	8-4	5-1	7-3	8-7
8-7	4-3	3-2	9-5	6-0	5-1	10-6	5-0	9-4	6-1	6-0	9-3	10-5	5-1	1-0	5-4	4-3	10-9
10-9	3-2	9-8	5-1	10-4	9-3	9-5	10-6	8-4	5-1	10-4	7-1	6-1	10-6	3-2	9-8	4-3	8-7
4-3	8-7	1-0	8-4	7-1	8-2	10-5	8-4	7-6	10-6	9-3	6-0	5-0	9-5	7-6	8-7	7-6	10-9
5-4	7-6	10-9	7-3	6-0	7-1	7-2	10-6	8-7	8-4	6-0	7-1	9-4	5-1	8-7	10-9	8-7	4-3
9-8	4-3	8-7	6-2	6-1	5-0	9-4	5-1	10-9	10-6	5-0	9-4	7-2	10-6	3-2	9-8	3-2	9-8
8-7	10-9	5-4	4-3	8-4	5-1	7-3	7-6	5-4	9-8	10-6	5-1	4-0	8-7	9-8	3-2	7-6	8-7

leeres Kästchen = weiß

Schlüssel:

1	hellgrün	2	rosa	3	hellila	4	schwarz	5	grau
6	hellgrau	7	blau	8	hellblau	9	gelb	10	rot

4. Crewmate Anzug (Basis Subtraktion)

7-6	8-7	8-6	9-7	10-8	10-9	8-7	4-3	9-3	6-0	9-3	7-1	8-2	6-0	1-0	5-4	3-2	9-8
1-0	5-4	4-3	10-9	7-6	3-2	9-8	10-4	9-5	5-1	10-6	7-3	5-1	10-4	3-2	9-8	4-3	1-0
9-8	4-3	3-2	9-8	4-3	8-7	9-3	6-2	5-1	9-5	5-1	8-4	9-5	9-3	7-6	8-7	7-6	10-9
8-7	7-6	10-9	6-4	7-6	3-2	7-1	7-3	10-6	5-1	8-4	10-6	7-3	7-1	8-7	10-9	4-3	8-7
10-9	8-7	4-3	4-2	8-7	10-9	6-0	8-5	7-4	9-6	3-0	4-1	8-5	10-4	3-2	9-8	10-8	9-7
9-8	3-2	3-1	9-8	1-0	10-4	7-1	10-4	9-3	7-1	8-2	9-3	6-0	9-3	7-1	8-2	4-3	5-4
3-2	7-6	4-3	7-1	8-2	10-6	5-1	6-2	7-3	8-4	10-6	8-4	9-5	10-6	5-1	10-6	7-1	9-8
8-7	10-9	6-0	9-5	10-6	8-4	7-3	6-3	8-5	10-7	6-3	8-5	4-1	6-3	8-4	5-1	10-4	8-7
10-8	9-8	1-0	8-2	9-3	6-0	5-0	10-5	8-3	5-0	9-4	6-1	5-0	9-4	9-3	7-1	9-7	6-5
4-3	3-2	3-2	4-3	9-3	7-2	9-4	7-2	6-1	6-0	9-3	10-4	9-3	7-1	8-2	4-3	10-9	9-8
3-2	9-8	7-6	1-0	7-1	6-1	5-0	9-4	7-1	10-0	11-1	10-1	9-0	10-1	9-0	9-3	10-8	3-2
4-3	1-0	8-2	6-0	6-0	10-5	8-3	10-4	7-0	11-1	10-0	9-0			11-1	9-0	7-1	3-2
7-6	10-4	6-1	5-0	7-1	7-2	6-1	9-3	9-2	8-1	7-0	10-1	9-0			10-0	9-3	7-6
4-3	7-1	9-4	9-1	10-4	6-1	5-0	7-1	8-1	7-0	9-2	10-3	7-0	8-1	9-2	10-3	7-1	8-7
3-2	9-3	8-0	10-2	9-3	5-0	9-4	7-2	8-2	10-3	8-1	7-0	9-2	10-3	8-1	6-0	1-0	10-9
10-9	7-1	10-2	9-1	10-4	8-4	5-0	10-5	9-4	7-1	8-2	6-0	10-4	9-3	7-1	8-2	8-7	4-3
4-3	9-3	8-0	10-2	10-4	10-6	9-5	6-1	5-0	9-4	7-2	10-5	6-1	5-0	10-6	10-4	10-9	3-2
3-2	10-4	9-1	8-0	9-3	5-1	5-1	10-6	7-1	5-1	10-6	9-3	9-5	6-0	5-1	9-3	9-8	5-4
7-4	9-3	10-2	9-1	7-1	10-6	8-4	5-1	10-6	10-4	9-3	7-1	6-0	5-1	10-6	10-4	5-2	10-7
8-5	6-0	9-1	8-0	9-3	5-1	9-5	10-6	9-5	8-4	5-1	6-0	8-4	10-6	9-5	9-3	4-1	8-5
4-1	8-5	7-1	8-2	7-1	10-6	5-1	9-5	5-1	7-1	8-2	9-3	10-4	8-4	5-1	7-1	7-4	6-3
7-4	6-3	8-5	7-4	10-4	9-5	10-6	5-1	7-3	5-1	9-5	7-1	5-1	10-6	9-5	6-0	5-2	7-4
8-5	10-7	6-3	8-5	9-3	5-1	9-5	8-4	10-4	9-3	7-1	6-0	10-4	8-4	5-1	9-3	4-1	8-5
9-6	5-2	10-7	6-3	7-1	8-4	5-1	7-3	9-3	8-5	10-7	10-4	5-1	10-6	8-4	7-1	7-4	6-3
7-4	9-6	3-0	4-1	6-0	7-3	9-5	6-2	7-1	9-6	5-2	9-3	8-4	5-1	7-3	10-4	4-1	10-7
4-1	3-0	5-2	10-7	7-1	10-2	9-1	8-0	6-0	5-2	7-4	7-1	9-1	8-0	10-2	9-3	10-7	3-0
7-4	6-3	4-1	8-5	7-4	7-1	6-0	10-4	10-7	4-1	8-5	9-6	10-4	9-3	7-1	3-0	7-4	6-3

leeres Kästchen = weiß

Schlüssel:

1-2	hellgrün	3	grau	4	hellgrau	5	helllila
6	schwarz	7	blau	8	lila	9-10	hellblau

5. Crewmate Wikingerhut (Basis Multiplikation)

1x47	23x2	8x6	10x3	47x1	5x10	12x4	5x6	10x3	4x7	6x5	8x6	12x4	1x47	23x2	5x6	47x1	23x2
8x6	47x1	13x2		2x15	23x2	10x3	8x2	10x2	6x3	4x4	13x2	5x6	8x6	4x7		13x2	4x12
5x10	12x4	6x5		10x4	7x4	3x8	2x12	4x4	2x9	3x6	12x2	3x8	7x4	2x18	10x4	2x15	1x47
4x12	7x7	3x10	10x4	12x3	2x19	11x2	2x11	7x3	6x3	10x2	6x3	2x12	3x7	2x13	2x19	4x7	12x4
2x24	8x6	49x1	2x15	2x18	4x9	3x7	12x2	5x5	4x4	2x8	3x6	8x3	5x5	15x2	5x6	7x7	8x6
23x2	5x10	2x23	5x10	13x2	3x10	15x2	4x7	6x5	15x2	5x6	6x5	10x3	2x15	7x4	2x25	10x5	6x8
4x12	12x4	47x1	8x6	6x5	2x9	8x2	3x6	2x9	8x2	6x3	10x2	3x6	4x4	6x5	8x6	47x1	24x2
47x1	24x2	8x6	6x8	4x12	10x3	2x15	7x4	13x2	3x10	15x2	4x7	6x5	15x2	24x2	5x10	12x4	7x7
12x4	47x1	23x2	5x10	2x15	2x16	8x4	5x7	7x5	8x4	5x7	4x8	7x5	16x2	2x15	1x47	23x2	2x24
4x12	2x23	12x4	8x6	4x7	7x5	16x2	2x17	3x11	4x7	6x5	15x2	3x10	15x2	4x7	8x6	47x1	23x2
2x24	47x1	24x2	6x8	5x6	3x11	2x16	8x4	6x5	3x2					5x2	10x3	4x12	1x47
23x2	8x6	10x3	2x15	13x2	11x3	7x5	2x15	5x3	2x2	1x4					9x1	13x2	12x4
4x12	5x6	7x5	2x16	6x5	16x2	3x11	4x7	2x6	3x4	5x3	5x2	9x1	5x2	4x2	3x2	6x5	23x2
8x6	13x2	2x17	3x8	3x10	2x16	8x4	6x5	3x4	5x3	13x1	2x6	3x4	5x3	2x6	11x1	3x10	47x1
6x8	6x5	7x3	11x2	15x2	4x8	17x2	7x5	10x3	2x6	11x1	3x4	5x3	3x4	5x3	4x7	24x2	8x6
24x2	3x10	2x12	3x7	7x4	11x4	2x16	3x11	4x8	3x10	15x2	4x7	10x3	2x15	7x4	5x6	47x1	23x2
7x7	4x7	8x3	5x5	5x6	21x2	9x5	2x16	8x4	5x7	3x11	2x16	16x2	3x11	8x4	2x15	2x23	4x12
4x12	5x6	2x11	7x3	2x15	11x4	22x2	45x1	16x2	2x17	11x3	7x5	2x16	8x4	9x5	7x4	24x2	10x5
7x7	2x15	12x2	5x5	4x7	2x22	9x5	2x21	9x5	7x5	16x2	2x17	3x11	21x2	11x4	10x3	23x2	47x1
8x6	7x4	11x2	8x3	15x2	11x4	2x21	5x9	4x11	2x22	11x4	9x5	2x21	4x11	22x2	13x2	47x1	8x6
2x19	12x3	6x5	10x3	2x15	9x5	21x2	11x4	21x2	11x4	45x1	21x2	9x5	2x21	11x4	3x10	4x10	19x2
20x2	19x2	3x12	4x10	5x6	5x9	4x11	2x22	5x9	2x22	9x5	2x21	11x4	6x5	2x22	2x13	2x20	10x4
9x4	10x4	18x2	3x12	3x10	21x2	9x5	2x21	13x2	3x10	15x2	4x7	7x4	21x2	9x5	6x5	10x4	4x9
2x19	4x9	4x10	10x4	15x2	11x4	22x2	5x9	5x6	10x4	18x2	13x2	9x5	2x21	11x4	3x10	2x18	2x19
2x19	12x3	19x2	12x3	4x7	2x21	11x4	22x2	2x15	2x19	12x3	6x5	21x2	9x5	2x21	15x2	19x2	3x12
4x10	2x18	4x9	19x2	6x5	2x11	2x12	3x7	7x4	2x18	4x9	3x10	7x3	12x2	5x5	7x4	10x4	18x2
2x19	12x3	10x4	2x18	4x9	5x6	6x5	10x3	4x9	12x3	10x4	2x19	13x2	3x10	15x2	19x2	4x9	4x10

Schlüssel:

leeres Kästchen = weiß

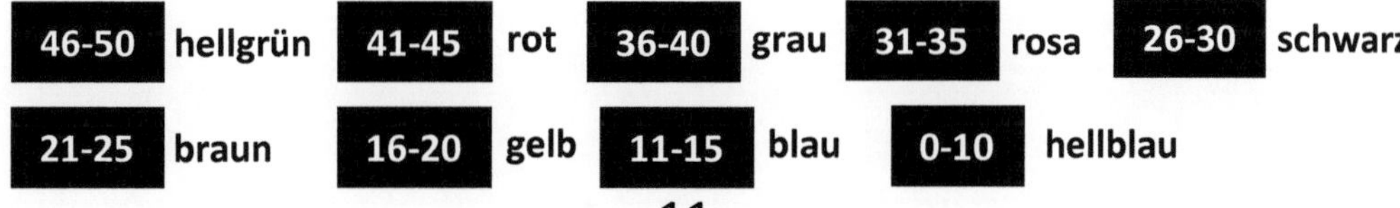

6. Crewmate Taucher (Basis Multiplikation)

5x7	3x11	2x16	16x2	3x11	4x8	6x5	13x2	3x10	15x2	4x7	7x4	10x3	5x7	2x16	8x4	5x7	7x5
2x17	11x3	7x5	2x16	8x4	4x7	4x10	18x2	4x9	19x2	10x4	18x2	2x18	4x7	7x5	16x2	2x17	3x11
8x4	5x7	17x2	7x5	13x2	18x2	2x19	12x3	10x4	2x18	2x19	12x3	3x12	19x2	6x5	3x11	2x16	8x4
16x2	2x17	2x16	4x8	3x10	2x19	3x12	19x2	12x3	2x13	6x5	15x2	3x10	15x2	4x7	10x3	16x2	7x5
3x11	7x5	5x7	3x11	2x13	10x4	18x2	6x5	15x2							2x15	5x7	3x11
16x2	3x11	2x17	11x3	6x5	4x7	10x3	2x15		2x15	7x4	6x5		4x7	3x10		15x2	11x3
5x7	4x8	7x5	16x2	10x3	10x3	6x5	7x4		3x10	15x2	4x7		10x3	2x15		7x4	8x4
11x4	22x2	2x15	7x4	15x2	4x10	19x2	10x3	6x5				4x7			6x5	5x6	5x9
21x2	6x5	2x18	9x4	7x4	2x20	10x4	13x2	2x15	7x4	6x5	3x10	3x5	10x3	15x2	4x7	2x15	11x4
4x11	2x15	4x10	6x3	6x5	4x10	4x9	4x7	5x3	2x6	11x1	13x1	6x2	3x4	2x6	4x3	4x7	2x22
2x22	7x4	4x4	2x9	2x15	2x18	2x19	4x10	5x6	4x3	5x3	3x4	5x3	4x3	5x3	6x5	1x47	23x2
11x4	10x3	8x2	10x2	7x4	19x2	3x12	4x9	19x2	15x2	4x7	10x3	2x15	7x4	5x6	3x10	8x6	47x1
9x5	13x2	6x3	4x4	10x3	3x8	2x12	10x4	2x18	20x2	19x2	3x12	4x10	12x3	9x4	15x2	5x10	12x4
5x9	3x10	4x4	2x8	13x2	5x2	4x2	2x11	4x9	4x10	12x3	18x2	3x12	19x2	11x2	4x7	12x4	7x7
21x2	2x13	10x2	6x3	3x10	2x11	2x12	3x7	8x3	9x4	10x4	2x18	12x3	2x12	3x7	6x5	2x24	8x6
11x4	6x5	2x9	8x2	4x7	2x9	8x2	3x6	2x9	8x2	3x6	2x2	4x4	2x8	3x6	13x2	23x2	5x10
2x21	47x1	2x13	6x5	13x2	11x2	2x11	7x3	12x2	5x5	8x3	5x5	8x3	5x5	3x8	6x5	4x12	12x4
23x2	5x10	2x25	10x5	6x5	3x7	12x2	5x5	11x2	3x8	2x11	7x3	2x12	4x7	2x12	3x10	47x1	24x2
47x1	8x6	21x2	47x1	3x10	7x3	2x12	11x2	13x2	13x2	3x10	5x6	10x3	5x5	8x3	4x7	12x4	47x1
8x6	6x8	5x10	12x4	6x5	3x7	11x2	8x3	6x5	2x21	9x5	3x10	11x2	2x11	7x3	6x5	4x12	2x23
23x2	5x10	1x47	2x23	2x15	2x12	3x7	2x11	3x10	5x9	4x11	15x2	3x7	12x2	5x5	2x15	2x24	47x1
4x12	6x8	8x6	47x1	7x4	10x2	6x3	4x4	2x15	11x4	21x2	4x7	3x6	10x2	6x3	7x4	23x2	8x6
24x2	8x6	11x4	22x2	5x9	15x2	4x7	4x7	9x5	2x22	5x9	21x2	2x15	7x4	15x2	21x2	9x5	2x21

leeres Kästchen = weiß

Schlüssel:

41-50	hellgrün	36-40	hellblau	31-35	grün	26-30	schwarz
21-25	blau	16-20	dunkelblau	11-15	grau	0-10	gelb

7. Crewmate Astronaut (Basis Division)

63:7	54:6	9:1	81:9	27:3	72:9	32:4	80:10	16:2	32:4	80:10	36:4	18:2	63:7	27:3	81:9	27:3	72:8
9:1	27:3	63:7	45:5	32:4	8:4	14:7	24:4	36:6	24:3		32:4	40:5	81:9	18:2	36:4	18:2	81:9
18:2	36:4	9:1	40:5	40:20	54:9	12:2	48:8	18:3	42:7	72:9			72:9	54:6	54:6	63:7	36:4
54:6	72:8	64:8	36:6	30:5	60:10	18:3	54:9	54:9	36:6	80:10				16:2	27:3	9:1	72:8
27:3	81:9	40:5	12:2	42:7	30:5	12:2	18:3	60:10	12:2	56:7				32:4	36:4	18:2	63:7
18:2	63:7	72:9	54:9	36:6	42:7	30:5	30:5	24:4		16:2	64:8			64:8	72:8	54:6	9:1
54:6	72:8	18:2	24:3	72:9	80:10	56:7	32:4	80:10	40:5	8:1	40:5			40:5	81:9	27:3	18:2
27:3	45:5	72:9												72:9	36:4	18:2	63:7
36:4	63:7	81:9	48:6	16:2	40:5	8:1	72:9	24:3	80:10	56:7	48:6	16:2	40:5	81:9	63:7	27:3	9:1
72:8	9:1	40:5	25:5	5:1	40:8	20:4	35:7	10:2	30:6	20:4	35:7	5:1	40:8	72:9	45:5	18:2	63:7
27:3	63:7	36:4	56:7	32:4	16:2	64:8	8:1	40:5	24:3	72:9	32:4	80:10	16:2	63:7	72:8	54:6	18:2
90:9	60:6	40:4	40:5	56:8	70:10	14:2	21:3	35:5	56:8	63:9	70:10	14:2	8:1	20:2	90:9	60:6	40:4
80:8	10:1	72:9	32:4	80:10	40:5	24:3	72:9	28:4	42:6	14:2	49:7	7:1	24:3	100:10	10:1	90:9	10:1
30:3	50:5	24:3	18:2	36:4	18:2	81:9	9:1	72:9	56:8	42:6	56:8	63:9	72:9	40:4	60:6	30:3	50:5
40:4	48:6	72:8	18:2					27:3	64:8	21:3	70:10	14:2	80:10	24:3	16:2	10:1	80:8
100:10	56:7	81:9					54:6	36:4	40:5	28:4	42:6	63:9	56:7	56:8	7:1	40:5	20:2
50:5	16:2	63:7	36:4	18:2	16:4	8:2	80:20	40:10	72:9	49:7	7:1	21:3	32:4	12:4	63:9	72:9	80:8
80:8	50:5	40:5	80:20	20:5	40:10	24:6	16:4	16:2	7:1	28:4	42:6	56:8	64:8	60:20	60:20	80:10	20:2
100:10	10:1	90:9	8:1	32:4	80:10	40:5	16:2	32:4	63:9	35:5	14:2	63:9	40:5	18:6	21:7	48:6	60:6
10:1	40:4	60:6	24:3	49:7	7:1	63:9	28:4	42:6	35:5	14:2	30:6	20:4	48:6	60:20	12:4	56:7	90:9
70:7	80:8	40:4	56:7	35:7	10:2	30:6	20:4	5:1	35:7	20:4			64:8	21:7	27:9	16:2	30:3
40:4	90:9	30:3	16:2			56:7		32:4					40:5	12:4	60:20	8:1	40:4
30:3	80:8	90:9	32:4			16:2		64:8			3:3	6:6	72:9	27:9	18:6	24:3	60:6
70:7	20:2	10:1	64:8			8:1	5:1	40:5					24:3	48:6	16:2	32:4	90:9
90:9	80:8	60:6	40:5				40:8						56:7	70:7	80:8	40:4	100:10
20:2	20:2	10:1	72:9			40:5	56:7	32:4	80:10				32:4	90:9	30:3	10:1	90:9
80:8	60:6	40:4	80:10				16:2	40:4	64:8				80:10	20:2	40:4	30:3	70:7
30:3	90:9	10:1	48:6				32:4	10:1	40:5				48:6	100:10	20:2	70:7	90:9
40:4	30:3	50:5	40:5	42:7	30:5	12:2	48:6	30:3	72:9	18:3	54:9	12:3	8:1	10:1	50:5	90:9	20:2
100:10	40:4	60:6	10:1	56:7	32:4	80:10	40:4	70:7	20:2	40:5	24:3	72:9	50:5	60:6	80:8	20:2	40:4

Schlüssel:

leeres Kästchen = weiß

10 helllila **9** hellblau **8** schwarz **7** beige **6** grau

5 rot **4** blau **3** braun **2** hellgrau **1** grün

8. Mini Crewmate 1 (Basis Division)

35:7	10:2	30:6	20:4	5:1	49:7	7:1	63:9	28:4	42:6	35:5	14:2	40:10	80:20	20:5	40:10	24:6	16:4
20:4	5:1	35:7	20:4	7:1	12:4	60:20	9:3	12:4	18:6	21:7	16:2	63:9	8:2	16:4	8:2	80:20	40:10
20:5	40:10	24:6	35:5	18:6	27:9	18:6	21:7	27:9	12:4	56:7	32:4	16:2	54:9	36:6	42:7	20:5	8:2
30:6	20:4	56:8	9:3	60:20	21:7	12:4	60:20	18:6	80:10	16:2	64:8	32:4	14:2	48:6	72:9	56:8	24:6
5:1	49:7	12:4	18:6	21:7	24:8	9:3	40:5	56:7	64:8	32:4	40:5	56:8	16:2	64:8	80:10	8:1	28:4
40:8	28:4	60:20	12:4	32:4	24:3	48:6	16:2	32:4	40:5	48:6	42:6	56:7	32:4	40:5	48:6	24:3	49:7
49:7	35:5	18:6	28:4	42:6	14:2	49:7	7:1	35:5	72:9	35:5	16:2	32:4	64:8	72:9	56:7	56:7	28:4
56:8	14:2	42:6	16:8	14:7	10:5	40:20	8:4	14:7	49:7	32:4	8:1	80:10	40:5	24:3	16:2	16:2	35:5
70:10	8:4	4:2	8:4	18:9	28:4	42:6	18:9	16:8	4:2	28:4	42:6	48:6	72:9	56:7	8:1	42:6	8:2
42:6	14:7	8:4	40:20	49:7	2:2	4:4	21:3	10:5	8:4	40:20	16:8	24:4	80:10	32:4	24:3	7:1	24:6
7:1	16:8	18:3	63:9	28:4	6:6	12:12	63:9	35:5	4:2	8:4	14:7	18:3	48:6	80:10	21:3	30:6	20:4
42:6	10:5	12:2	2:2	6:6	7:1	8:8	9:9	7:7	42:7	16:8	10:5	54:9	32:4	35:5	35:7	10:2	30:6
80:20	14:2	30:5	9:9	4:4	63:9	5:5	3:3	6:6	36:6	14:7	8:4	60:10	63:9	20:4	5:1	35:7	20:4
54:6	27:3	36:6	42:7	30:5	30:5	2:2	9:9	4:4	12:2	42:6	63:9	36:4	40:4	27:3	9:1	70:7	20:2
100:10	10:1	90:9	70:7	80:8	40:4	60:10	18:3	54:9	30:3	80:8	90:9	90:9	80:8	36:4	18:2	60:6	40:4
10:1	40:4	60:6	54:6	90:9	30:3	36:4	63:7	36:4	27:3	9:1	72:8	20:2	20:2	72:8	54:6	90:9	10:1
63:7	54:6	27:3	27:3	90:9	80:8	60:6	9:1	72:8	36:4	18:2	63:7	54:6	30:3	81:9	27:3	80:8	90:9
9:1	27:3	63:7	36:4	20:2	20:2	10:1	63:7	18:3	49:7	28:4	42:6	14:2	40:4	30:3	70:7	20:2	10:1
70:7	80:8	40:4	72:8	80:8	60:6	40:4	18:3	12:4	28:4	10:2			28:4	20:2	40:4	30:3	70:7
90:9	30:3	10:1	27:3	9:1	28:4	18:3	12:2	27:9	35:5	5:1	35:7	20:5	49:7	100:10	20:2	70:7	90:9
18:2	36:4	18:2	36:4	18:2	35:5	48:6	30:5	21:7	18:3	40:10	24:6	16:4	28:4	72:8	81:9	27:3	72:8
36:4	54:6	63:7	72:8	54:6	14:2	56:7	7:1	12:4	21:7	63:9	28:4	42:6	60:6	81:9	36:4	18:2	81:9
10:1	50:5	90:9	81:9	27:3	70:10	16:2	63:9	72:9	18:6	21:7	12:4	42:7	27:3	63:7	54:6	63:7	36:4
60:6	80:8	20:2	63:7	54:6	42:6	21:3	30:5	80:10	56:7	49:7	16:2	36:6	63:7	54:6	27:3	9:1	72:8
81:9	36:4	18:2	9:1	27:3	81:9	27:3	35:5	48:6	32:4	28:4	32:4	12:2	40:4	45:5	36:4	18:2	63:7
36:4	18:2	63:7	63:7	80:8	36:4	18:2	35:5	63:9	56:8	14:2	42:6	18:3	70:7	20:2	72:8	54:6	9:1

leeres Kästchen = weiß

Schlüssel:

- **9-10** hellblau
- **8** braun
- **6-7** schwarz
- **4-5** blau
- **3** hellbraun
- **2** dunkelbraun
- **1** hellgrau

9. Crewmate Klorolle (Fortgeschrittene Addition)

9+9	15+4	10+10	12+7	15+5	17+3	9+10	3+17	5+10	7+8	6+8	9+5	11+4	17+3	15+4	10+10	2+17	5+15
6+13	4+15	7+12	13+7	6+12	7+11	12+2	9+5	10+5		4+11	8+6		13+2	11+7	13+6	9+10	3+17
7+11	1+18	2+17	5+15	20+0	5+9			5+9					7+7	10+10	12+7	9+9	15+4
15+5	17+3	9+10	3+17	15+5	10+9	11+4		2+12					2+13	7+12	13+7	6+13	4+15
9+9	15+4	10+10	12+7	17+2	9+5			4+11					9+5	15+5	17+3	3+17	9+10
10+9	11+7	13+6	11+8	6+12	11+7	2+13	5+10	12+2	9+5	3+12	5+9	8+6	10+5	6+12	7+11	15+4	10+10
15+5	17+3	9+9	15+4	7+12	2+12	6+8	9+1	2+7	5+5	6+3	5+5	6+4	4+11	9+5	2+17	5+15	7+12
6+12	7+11	6+13	4+15	7+7	11+4	3+6	2+7	4+6	3+6	3+6	6+3	5+5	6+4	11+4	9+10	3+17	13+5
13+7	6+12	15+5	17+3	12+2	3+6	6+3	5+5	6+4	13+2	5+9	10+5	4+11	6+8	5+9	17+3	13+7	6+12
5+15	20+0	9+9	15+4	10+5	6+4	5+4	1+9	8+6			1+4	4+2	3+3	2+4	2+13	5+15	20+0
13+5	3+17	2+13	11+4	5+9	5+5	4+5	9+5	5+1	6+0	2+4				1+4	2+4	7+7	13+6
15+4	9+5	3+4	5+2	9+5	5+4	7+2	10+5	4+4	4+2	3+3	4+1	3+3	2+3	4+1	3+3	2+13	12+7
8+8	4+11	6+1	4+8	13+2	2+7	4+6	5+9	1+7	2+6	4+4	6+1	2+5	1+7	4+4	3+5	5+10	4+13
10+6	6+8	5+7	8+5	2+13	5+5	6+4	2+7	6+8	3+5	1+7	2+6	5+2	2+5	5+2	14+0	9+7	11+6
3+13	7+7	4+8	9+2	7+7	5+3	6+3	5+5	6+4	12+2	5+9	11+4	13+2	7+7	6+8	2+12	6+10	12+5
12+5	2+13	11+2	8+4	2+13	1+7	6+1	1+8	8+2	2+7	5+5	7+2	6+4	2+8	5+3	5+9	9+8	13+4
11+6	5+10	1+10	6+5	9+5	2+5	3+5	1+7	4+4	4+6	3+6	6+3	5+5	3+5	1+7	7+7	8+8	2+15
12+5	5+9	6+5	9+2	10+5	6+2	4+4	2+5	5+2	7+1	4+4	3+4	5+2	4+4	2+5	12+2	7+10	10+6
13+4	13+2	1+10	6+5	4+11	10+5	2+12	5+9	5+5	12+2	9+5	2+8	2+12	5+9	13+2	9+5	9+8	13+4
2+15	7+9	8+6	5+9	5+10	2+9	8+4	5+8	7+5	5+8	10+3	6+5	9+2	2+11	4+8	2+13	10+6	9+8
9+8	13+4	9+7	11+6	5+9	2+13	8+5	6+5	11+2	4+8	7+5	1+10	6+5	2+13	6+5	9+5	3+14	6+10
8+8	2+15	6+10	12+5	2+12	8+4	6+8	5+7	9+5	8+6	7+7	10+5	4+11	3+10	5+8	7+7	9+7	16+0
7+10	10+6	10+7	9+8	11+4	5+7	8+5	9+2	5+10	8+8	16+0	7+8	11+2	4+8	7+5	5+10	12+5	10+6
9+8	13+4	5+12	6+11	12+2	4+8	2+9	2+11	13+2	2+15	10+6	5+9	1+10	6+5	12+1	6+8	4+13	3+13
10+7	0+16	8+8	7+10	4+11	2+2	1+3	2+1	8+6	13+3	3+13	8+7	3+0	2+1	2+2	10+5	16+0	12+5
7+10	15+1	13+4	12+5	4+13	2+13	10+5	12+2	9+8	4+13	12+5	13+4	7+7	5+9	13+1	4+13	9+7	11+6

Schlüssel:

leeres Kästchen = weiß

18-20	hellgrün	16-17	grün	14-15	schwarz	11-13	dunkelblau
9-10	hellgrau	7-8	blau	5-6	hellblau	1-4	dunkelgrau

10. Crewmate Bauarbeiter (Fortgeschrittene Addition)

4+15	7+12	9+9	20+0	15+5	17+3	9+9	5+9	11+4	13+2	15+5	17+3	9+10	3+17	15+5	10+9	3+17	15+5
1+18	2+17	6+13	13+6	9+9	9+5	2+12	1+6	7+1	6+2	5+9	12+2	10+9	11+7	13+6	11+8	6+12	11+7
17+3	9+10	17+3	12+7	7+7	3+5	1+7	2+6	5+2	2+5	5+2	6+1	8+6	17+3	1+18	2+17	5+15	2+17
15+4	10+10	15+4	14+0	1+7	2+6	4+4	6+1	2+5	1+7	2+6	3+5	5+2	6+8	3+17	9+10	17+3	9+10
11+7	13+6	5+15	2+12	2+5	5+2	7+1	4+4	3+4	5+2	4+4	2+5	5+3	7+7	15+4	10+10	12+7	10+8
17+3	9+9	3+17	9+5	2+12	5+9	13+2	9+5	1+6	2+5	3+5	1+7	4+4	2+13	11+7	13+6	11+8	13+6
7+11	6+13	7+7	4+4	6+1	2+5	2+6	5+2	7+7	6+2	4+4	2+5	3+5	5+10	17+3	9+9	15+4	9+9
6+12	15+5	2+12	5+10	4+11	10+5	2+12	5+9	12+2	9+5	11+4	13+2	7+7	5+9	7+11	6+13	4+15	13+6
12+7	9+9	15+4	7+7	2+9	8+4	5+6	7+5	5+8	10+3	6+5	9+2	2+11	7+7	5+15	2+17	6+13	15+5
13+7	6+13	4+15	5+9	10+5	4+11	6+8	5+9	8+5	11+2	4+8	8+4	5+8	12+2	3+17	9+10	17+3	9+9
13+6	6+12	13+2	2+2	1+3	2+1	3+1	3+0	7+7	1+10	2+11	6+5	8+5	10+5	12+7	10+10	15+4	10+9
1+18	12+2			3+0	1+2	2+2	0+4	2+1	2+13	6+5	5+8	5+7	5+9	12+2	9+5	6+12	6+13
17+3	10+5	2+7				2+1	3+1	1+2	5+10	5+6	7+5	9+2	9+5	11+2	4+8	5+10	17+3
15+4	5+9	4+5	5+4	7+2	3+6	6+3	5+5	4+0	5+9	9+2	12+1	2+11	13+2	1+5	6+5	5+9	15+4
11+7	6+12	2+13	2+7	5+5	6+3	6+4	2+7	13+2	5+7	12+1	6+5	9+2	2+13	6+0	2+4	7+7	5+15
7+11	13+6	11+8	5+10	2+12	5+9	13+2	9+5	7+7	1+12	8+5	2+9	2+7	7+7	4+2	3+3	12+2	3+17
3+17	1+18	2+17	10+5	4+5						3+6	6+4	5+4	2+13	1+4	2+4	5+10	6+12
16+0	9+8	9+7	5+9	7+2	5+4				5+4	6+3	5+5	4+5	9+5	5+1	3+3	10+5	13+4
10+6	5+12	6+10	2+12	5+5	6+4	2+7		7+2	4+6	4+5	5+4	7+2	13+2	2+4	1+4	5+9	2+15
3+13	3+14	10+7	4+11	4+6	7+7	4+6	5+10	5+4	7+7	6+4	2+7	4+6	7+7	3+3	4+1	2+12	10+6
12+5	9+7	5+12	13+2	6+3	2+7	6+4	10+5	6+3	5+5	7+2	5+5	6+4	2+13	4+11	6+8	4+11	13+4
8+8	12+5	8+8	2+13	1+1	2+0	7+2	5+9	4+6	2+7	0+2	1+0	7+2	9+5	13+4	9+7	7+10	10+6
2+15	4+13	13+4	7+7	0+1	1+1	10+5	2+12	11+4	13+2	1+1	2+0	4+6	10+5	2+15	6+10	9+8	13+4
13+3	16+0	9+7	2+13	5+5	7+2	6+4	4+11	13+4	2+13	2+7	5+5	6+3	4+11	8+8	7+10	10+7	0+16
4+13	9+7	6+10	9+5	3+6	6+3	5+5	12+2	10+6	7+7	4+6	3+6	3+6	5+10	13+4	12+5	7+10	15+1
6+10	9+8	9+8	10+5	1+4	2+4	2+3	7+7	13+4	13+2	3+3	1+5	4+2	5+9	8+8	2+15	6+10	12+5
7+10	10+7	8+8	12+5	5+10	4+11	10+5	9+8	0+16	10+6	12+2	9+5	11+4	9+7	7+10	10+6	10+7	9+8

leeres Kästchen = weiß

Schlüssel:

18-20 hellgrün **16-17** hellgrau **14-15** schwarz **11-13** hellbraun

9-10 blau **7-8** gelb **5-6** braun **3-4** hellblau **1-2** dunkelblau

11. Crewmate Doktor (Fortgeschrittene Subtraktion)

17-16	20-19	10-9	11-10	18-13	19-14	7-2	9-3	20-19	11-9	17-16	20-19	19-17	16-15	11-10	8-6	14-13	20-19
15-13	19-17	19-17	14-8	14-11	20-16	13-9	10-6	18-13	20-18	15-13	19-17	14-13	11-10	16-15	14-13	8-6	15-13
20-19	11-10	14-13	9-3	15-12	7-2	18-13	16-13	14-8	14-13	20-19	16-15	8-6	15-13	20-19	13-12	15-13	20-19
8-6	15-13	8-6	18-13	8-4	19-14	13-7	14-11	11-5	6-4	15-13	17-16	14-13	20-19	19-17	12-10	13-12	16-15
19-17	10-9	20-19	13-7	19-15	13-9	14-11	13-9	19-14	7-2	12-6	18-13	14-8	13-7	11-10	15-13	11-10	12-10
12-10	19-17	14-8	10-6	19-14	7-2	13-7	9-3	11-7	14-11	16-13	13-9	15-12	10-6	13-7	20-19	19-17	14-13
14-13	11-10	13-7	18-13	19-14	9-3	12-6	13-7	18-13	7-2	14-8	12-6	13-7	13-9	14-8	16-15	14-13	20-19
11-9	8-6	20-18	19-14	17-9	20-12	19-11	16-8	9-2	14-7	18-11	20-13	9-2	7-2	14-13	12-10	6-4	15-13
14-11	20-16	19-15	13-7	18-13	18-13	13-7	9-3	13-6	12-5	14-7	12-5	7-0	13-7	17-14	16-13	13-9	20-16
15-12	13-9	12-6	16-15	8-6	15-13	11-10	14-13	14-8	16-8	9-2	14-7	12-5	12-6	12-8	8-4	10-6	15-12
13-9	11-5	19-17				14-13	12-10	6-4	18-13	20-12	19-11	11-3	7-2	14-8	12-6	13-9	10-6
12-8	19-14	15-13	11-10	12-10	20-19	13-12	17-5	18-6	12-6	17-9	15-7	16-8	18-13	11-3	16-8	13-7	14-11
15-12	18-13	12-1	13-1	12-0	14-2	15-3	14-2	15-3	9-3	13-5	14-6	19-11	14-8	14-0	19-11	14-8	15-12
13-9	19-15	14-8	15-4	12-1	13-2	18-6	20-9	12-6	18-11	20-13	9-2	14-7	9-3	15-2	20-7	16-10	8-4
14-10	12-8	16-13	7-2	13-7	18-13	9-3	16-10	13-7	12-5	7-0	14-7	12-5	18-13	15-1	14-0	19-14	13-9
10-6	16-13	20-16	18-13	16-8	19-11	11-3	12-5	7-0	14-7	16-8			13-7	20-6	16-2	7-2	14-11
12-8	8-4	10-6	14-8		17-9	16-8	14-7	12-5	12-5				14-8	18-4	19-5	18-13	15-12
19-15	13-9	14-11	11-5				17-2	20-5			7-2		9-3	14-0	15-1	14-8	16-13
20-16	10-6	15-12	12-6				18-3	19-4					18-13	16-2	20-6	11-5	13-9
17-14	16-13	13-9	9-3				14-5	16-1	16-7				13-7	12-6	13-7	18-13	12-8
11-7	14-11	17-14	18-13		14-8	19-9	15-5	16-6	20-10	12-3			19-14	16-13	20-16	19-15	17-14
13-9	13-9	12-8	13-7	19-9	16-6	12-6	7-2	19-14	7-2	13-4	14-5	11-2	14-8	11-7	14-11	16-13	13-9
12-8	10-6	17-14	14-8	18-9	18-9	16-7	12-6	10-6	19-14	14-5	18-9	16-7	11-5	12-8	15-12	10-6	20-16
15-12	16-13	20-16	16-10	14-5	16-7	12-3	13-7	16-13	7-2	13-4	16-7	12-3	13-7	16-13	13-9	14-10	12-8
14-11	20-16	13-9	19-14	15-1	14-0	20-6	18-13	14-11	18-13	18-4	19-5	20-6	14-8	20-16	12-8	10-6	17-14
12-8	15-12	10-6	20-16	19-14	7-2	12-6	11-7	17-14	16-13	18-13	7-2	14-8	13-9	10-6	15-12	16-13	20-16

leeres Kästchen = weiß

Schlüssel:

1-2	hellblau	3-4	hellgrau	5-6	schwarz	7-8	beige
9-10	grau	11-12	blau	13-14	braun	15	grün

12. Crewmate Postbote (Fortgeschrittene Subtraktion)

11-9	8-6	20-18	14-13	20-19	16-15	8-6	15-13	20-19	13-12	14-13	20-19	12-6	19-14	7-2	20-18	10-9	8-6
11-9	17-16	20-19	19-17	16-15	11-10	8-6	14-13	20-19	12-6	7-2	14-8	16-8	17-2	19-11	7-1	19-17	14-13
19-17	14-13	11-10	16-15	14-13	8-6	15-13	13-7	18-13	9-2	14-7	12-5	18-3	20-5	19-4	12-6	14-13	13-12
20-19	19-17	11-9	13-12	16-15	18-13	9-3	14-7	12-5	14-7	12-5	16-2	20-6	15-1	19-5	13-7	8-6	11-10
20-19	19-17	16-15	11-10	7-2	13-5	18-4	16-2	20-6	12-6	7-2	19-14	7-2	12-6	14-8	18-13	20-19	15-13
19-17	14-13	11-9	16-15	13-7	20-6	12-6	13-7	19-14								9-3	20-18
16-15	8-6	15-13	20-19	12-6	19-14	7-2	12-6	18-13	7-2	14-8	13-7	18-13	9-3	16-10	13-7	18-13	16-15
17-16	14-13	20-18	19-17	7-2	16-13	20-16	19-15	17-14	17-14	16-13	13-9	20-16	13-9	11-5	19-17	14-13	11-10
15-13	20-19	13-12	14-13	18-13	21-17	13-9	13-9	12-8	7-2	19-14	7-2	12-6	18-13	7-2	16-15	8-6	15-13
20-19	19-17	11-10	13-12	14-8	13-9	13-9	12-8	13-7	14-1	16-3	15-2	20-7	17-4	15-2	9-3	19-17	14-13
14-13	11-10	12-6	13-7	9-3	16-13	20-16	16-10	12-1	15-2	17-4	13-0				18-5	14-8	8-6
8-6	9-3	10-6	17-14	18-13	8-4	10-6	11-5	14-2	15-3	18-6	25-12	13-0	14-1	19-6	15-2	9-3	14-13
14-13	7-2	12-8	17-9	13-7	13-9	14-11	18-13	13-2	18-6	13-1	12-0	15-3	14-2	17-5	18-6	18-13	13-12
13-12	12-6	14-7	12-5	14-8	10-6	15-12	12-8	9-3	20-9	15-4	12-1	18-6	20-9	14-2	11-5	19-17	11-9
11-10	13-7	9-2	14-7	16-10		11-7	14-11	13-9	13-7	18-13	19-14	9-3	12-6	13-7	12-6	11-10	19-17
19-17	18-13	20-12	19-11	19-14			17-14	16-13	14-10	20-16	15-12	16-13	22-18		9-3	15-13	14-13
14-13	14-8	17-9	17-9	7-2	20-5	19-4			11-2	14-5					18-13	10-9	6-4
6-4	9-3	13-5	13-5	18-13				14-5	18-9	16-7	18-9				13-7	19-17	19-18
11-10	18-13	20-13	9-2	14-8	18-13	7-2	14-8	12-6	13-7	7-2	12-6	18-13	14-8	13-7	14-8	11-10	16-15
16-15	19-17	13-7	12-6	11-5	19-9	15-5	15-5	20-10	12-3	13-4	14-5	11-2	18-9	16-7	16-10	8-6	13-12
11-10	8-6	14-13	20-19	18-13	14-5	11-2	14-5	18-9	16-7	15-5	15-5	20-10	9-3	12-3	13-7	14-13	11-10
16-13	20-16	19-15	17-14	16-10	18-9	16-7	16-6	7-2	12-6	12-6	18-13	7-2	19-9	16-6	7-2	13-9	12-8
11-7	14-11	16-13	13-9	11-5	17-8	12-3	18-9	13-7	16-13	20-16	16-10	14-5	18-9	19-10	12-6	10-6	17-14
12-8	15-12	10-6	20-16	18-13	13-4	16-7	12-3	12-6	8-4	10-6	11-5	13-4	14-5	16-7	13-7	16-13	20-16
16-13	13-9	13-9	12-8	9-3	16-8	19-11	11-3	7-2	13-9	14-11	18-13	12-5	7-0	14-7	18-13	20-16	13-9
20-16	12-8	10-6	17-14	12-8	12-6	18-13	7-2	17-14	10-6	15-12	12-8	9-3	7-2	12-6	12-8	15-12	10-6
10-6	15-12	16-13	20-16	17-14	16-13	13-9	20-16	13-9	16-13	13-9	16-13	20-16	19-15	17-14	10-6	14-11	13-9

Schlüssel:

leeres Kästchen = weiß

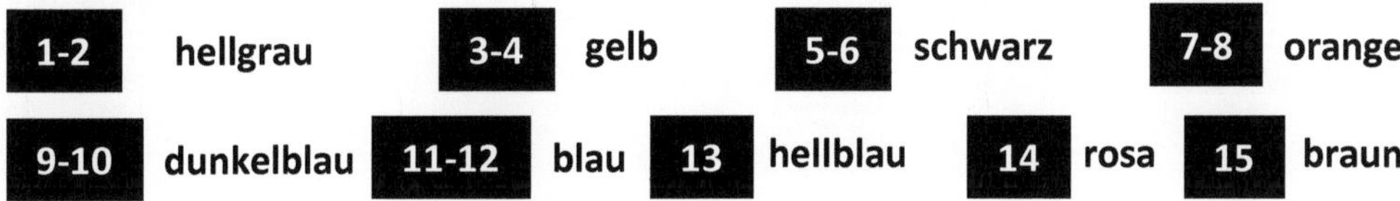

13. Crewmate Lichtkegel (Fortgeschrittene Multiplikation)

24x4	9x11	16x6	20x5	11x9	3x33	5x20	48x2	2x28	2x2	3x1	4x0	28x2	11x9	2x48	16x6	20x5	47x2	11x9	16x6	20x5
11x9	45x2	14x6	2x44	6x15	6x15	42x2	2x32	8x8	5x11	2x28	26x2	34x2	17x4	33x3	5x20	4x23	6x16	20x5	11x9	45x2
16x6	30x3	10x9	42x2	15x6	2x45	3x25	39x2	20x4	25x3	39x2	12x6	20x4	2x39	8x8	14x6	11x9	23x4	10x10	5x20	14x6
3x33	4x24	6x16	33x3	20x5	13x5	2x31	2x34	4x17	11x6	17x4	11x6	4x17	25x3	6x11	17x4	16x6	9x11	4x23	11x9	6x15
10x10	11x9	4x23	16x6	10x10	25x3	39x2	12x6	2x25	15x3	2x21	2x22	2x21	3x15	4x17	11x6	9x11	31x3	2x46	20x5	9x10
9x11	6x15	23x4	6x16	26x2	11x5	28x2	15x3	8x5	10x4	8x5	11x3	4x10	2x17	15x3	28x2	10x6	6x15	6x15	10x10	2x45
4x24	2x45	11x9	23x4	28x2	2x28	1x45	3x11	4x10	17x2	2x25	15x3	2x21	22x2	2x25	15x3	2x28	11x5	9x10	6x16	42x2
11x9	43x2	14x6	26x2	5x11	11x5	25x2	5x8	8x5	21x2	2x9	5x2	3x2	2x5	3x3	2x3	25x2	4x15	2x45	14x6	45x2
20x5	6x14	28x2	2x28	15x4	5x11	2x21	2x17	11x3	25x2	6x2	5x3	3x6			2x5	21x2	28x2	42x2	15x6	9x10
11x9	15x6	15x4	11x5	21x2	2x22	5x10	17x2	3x11	15x3	5x3	4x3	2x6	7x2	3x4	2x7	2x21	15x4	2x28	10x9	14x6
6x16	20x5	11x5	25x2	4x10	2x17	25x2	10x4	8x5	10x4	2x25	15x3	2x21	2x22	15x3	21x2	4x15	11x5	26x2	2x45	6x16
9x11	10x10	4x15	2x21	2x11	11x2	21x2	2x11	4x10	2x17	17x2	5x8	17x2	11x3	8x5	10x5	28x2	4x15	5x11	6x15	24x4
20x5	15x4	5x11	15x3	7x3	3x8	2x21	7x3	12x2	8x5	4x10	11x3	4x10	2x17	3x11	25x2	5x11	15x3	28x2	26x2	16x6
16x6	28x2	4x15	21x2	3x7	12x2	2x25	15x2	8x3	2x11	8x5	10x4	8x5	4x10	11x2	21x2	4x15	2x28	15x4	5x11	11x9
11x9	5x11	2x28	10x5	2x12	8x3	3x15	11x2	3x8	3x7	2x11	3x11	10x4	2x11	3x8	3x15	11x5	26x2	11x5	28x2	4x23
6x15	11x5	28x2	26x2	2x21	2x22	15x3	3x8	15x2	8x3	7x3	2x12	8x3	3x7	12x2	15x3	8x8	6x10	4x15	5x11	16x6
15x3	2x28	2x26	2x32	8x8	5x13	2x34	2x12	3x7	2x21	3x15	2x25	15x3	21x2	8x3	25x2	11x6	2x28	5x11	15x4	28x2
5x11	11x6	4x17	34x2	11x6	2x31	15x3	7x3	2x12	10x5	34x2	11x6	10x5	2x11	7x3	21x2	17x4	2x31	8x8	2x34	26x2
34x2	17x4	17x4	11x6	2x34	8x8	21x2	3x15	2x21	25x2	31x2	2x32	25x2	15x3	2x25	2x21	2x34	34x2	13x5	32x2	8x8
14x6	31x2	34x2	5x13	2x32	17x4	32x2	8x8	11x6	2x34	4x17	6x11	17x4	11x6	17x4	34x2	11x6	2x31	2x34	4x17	14x6
9x10	6x14	9x10	2x45	17x4	2x31	8x8	2x32	5x13	32x2	2x32	8x8	5x13	2x34	4x17	31x2	2x32	24x4	9x11	6x16	20x5
16x6	48x2	33x3	20x5	11x9	14x6	2x32	8x8	32x2	2x34	4x17	2x34	4x17	11x6	17x4	15x6	2x45	16x6	20x5	11x9	10x10
30x3	10x9	42x2	15x6	2x45	6x14	9x10	43x2	9x10	6x14	9x10	2x45	45x2	14x6	2x44	6x15	42x2	15x6	2x45	6x14	9x10

leeres Kästchen = weiß

Schlüssel:

81-100 dunkelorange **61-80** gelb **51-60** orange **41-50** schwarz

31-40 hellgrün **21-30** grün **11-20** blau **6-10** hellblau **0-5** hellgrau

14. Impostor 1 (Fortgeschrittene Multiplikation)

16x6	48x2	33x3	20x5	11x9	14x6	26x2	15x3	28x2	26x2	11x5	2x28	11x9	43x2	14x6	15x6	2x45	16x6	20x5	11x9	10x10	9x11	16x6
30x3	10x9	42x2	15x6	11x5	4x15	21x2	2x21	15x3	10x5	28x2	26x2	11x5	45x2	3x33	4x24	20x5	47x2	11x9	16x6	10x9	45x2	11x9
2x45	6x14	9x10	26x2	2x21	10x5	3x15	2x21	21x2	11x5	4x15			15x3	10x10	11x9	4x23	6x16	20x5	11x9	6x16	30x3	20x5
43x2	9x10	11x5	21x2	5x10	25x2	15x3	28x2	26x2			6x3	9x2	2x28	9x11	6x15	11x9	23x4	10x10	20x5	14x6	4x24	11x9
6x14	9x10	4x15	2x21	25x2	15x3	11x5	2x9	3x4		3x5	5x5	15x4	26x2	4x24	2x45	16x6	9x11	4x23	11x9	15x6	11x9	20x5
14x6	15x4	21x2	2x25	11x5	2x6	6x3	5x3	4x3	3x6	8x3	15x3	28x2	11x9	11x9	43x2	9x11	31x3	2x46	20x5	10x9	6x15	10x10
48x2	28x2	8x5	3x15	4x15	3x7	3x4	5x5	3x8	5x11	2x28	26x2	6x15	10x10	20x5	6x14	3x33	4x24	6x16	33x3	2x45	2x45	6x16
10x9	5x11	10x4	15x3	5x11	10x3	7x3	11x5	15x4	11x5	28x2	11x9	9x10	6x16	11x9	15x6	10x10	11x9	4x23	16x6	6x15	43x2	14x6
14x6	11x5	5x8	2x34	21x2	26x2	15x4	5x11	2x26	16x6	9x11	4x23	2x45	14x6	6x16	20x5	9x11	6x15	4x23	6x16	11x9	6x14	15x6
6x14	28x2	11x5	2x17	10x5	3x15	28x2	4x15	45x2	9x11	31x3	2x46	5x11	15x3	28x2	26x2	15x4	45x2	24x4	9x11	6x16	15x6	10x9
2x28	17x2	15x4	8x5	25x2	5x11	4x23	6x16	20x5	11x9	45x2	26x2	4x15	2x28	15x4	5x11	15x4	28x2	16x6	20x5	11x9	2x28	15x4
15x4	4x10	15x3	11x5	17x2	4x15	11x9	23x4	10x10	20x5	4x15	11x5	26x2	10x9	42x2	15x6	2x45	26x2	11x5	4x15	5x11	26x2	6x15
11x5	8x5	2x17	4x15	4x10	28x2	45x2	11x5	9x11	15x4	28x2	4x15	5x11	4x15	2x28	4x24	2x45	11x9	2x28	5x11	15x4	9x10	2x45
4x15	10x4	5x8	2x28	8x5	3x15	15x4	2x21	26x2	10x5	11x5	2x21	15x4	10x5	26x2	11x9	43x2	14x6	2x45	16x6	20x5	33x3	20x5
5x11	5x8	8x5	15x4	5x8	17x2	21x2	3x15	2x21	25x2	2x25	15x3	3x15	2x21	5x11	32x2	8x8	11x6	2x34	4x17	6x11	17x4	11x6
4x15	11x3	3x11	11x5	11x3	4x10	25x2	15x3	2x25	21x2	3x15	2x34	21x2	10x5	28x2	8x8	2x32	5x13	32x2	2x32	8x8	5x13	2x34
2x28	10x4	17x2	4x15	10x4	8x5	2x17	2x25	15x3	2x21	2x22	15x3	2x21	25x2	15x4	2x32	8x8	32x2	2x34	4x17	2x34	4x17	11x6
28x2	3x11	4x10	15x3	3x11	10x4	11x3	4x10	2x17	21x2	3x15	2x25	15x3	21x2	11x5	11x6	4x17	34x2	11x6	2x31	17x4	2x31	8x8
8x8	11x5	11x3	2x28	11x3	5x8	8x5	10x4	8x5	11x3	4x10	2x17	2x21	3x15	4x15	4x17	17x4	11x6	2x34	8x8	2x34	34x2	13x5
31x2	34x2	15x4	26x2	2x17	3x11	5x8	4x15	5x11	15x3	28x2	26x2	17x2	21x2	5x11	31x2	34x2	5x13	2x32	13x5	11x6	2x31	2x34
17x4	11x6	17x4	11x5	17x2	2x17	3x11	28x2	11x6	13x5	34x2	4x15	4x10	2x21	15x4	2x34	11x6	17x4	2x31	8x8	2x32	8x8	5x13
5x13	2x34	4x17	2x28	8x5	4x10	2x17	5x11	17x4	4x17	11x6	5x11	8x5	10x4	28x2	31x2	2x32	2x34	34x2	13x5	34x2	11x6	2x31
4x17	11x6	17x4	28x2	5x11	15x4	28x2	15x4	31x2	34x2	5x13	28x2	2x28	15x4	11x5	4x17	6x11	11x6	2x31	2x34	11x6	2x34	8x8

leeres Kästchen = weiß

Schlüssel:

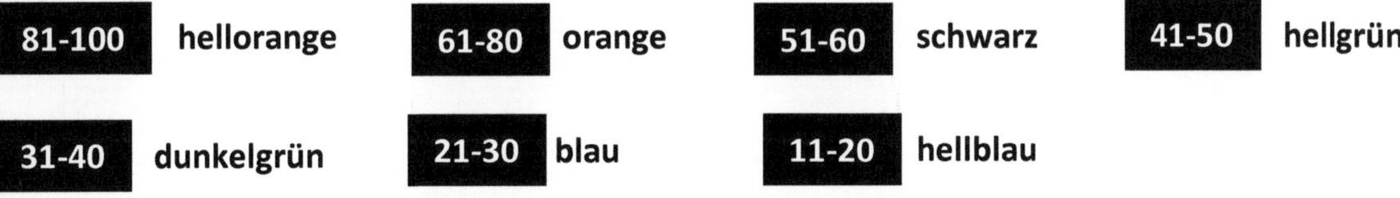

15. Crewmate Blume (Fortgeschrittene Division)

18:2	90:9	18:2	72:8	63:7			10:1	20:2	20:4	5:1	75:15	18:2	90:9	30:3	36:4	100:10	18:2
36:4	9:1	72:8	10:1			9:9		40:8	10:5	20:10	4:2	75:15	15:3	72:8	63:7	90:9	9:1
18:2	90:9	100:10	90:9		3:3	20:20		75:15	14:7	40:20	10:5	8:4	40:8	36:4	30:3	9:1	90:9
100:10	18:2	90:9	41:41	12:12	9:9	8:8	11:11	33:33	60:30	4:2	54:9	40:20	14:7	5:1	100:10	90:9	30:3
90:9	9:1	18:2		1:1	6:6	13:13	9:9		54:9	18:3	12:2	30:5	12:2	75:15	20:2	10:1	9:1
9:1	90:9	60:6	36:4		14:14	2:2			75:15	100:20	75:15	20:4	15:3	5:1	72:8	63:7	72:8
10:1	20:2	18:2	72:8	25:5		16:16		20:4	21:3	70:10			7:1	24:3	15:3	36:4	63:7
18:2	9:1	75:15	15:3	5:1			100:20	9:3	24:3	42:6	24:3					5:1	30:3
9:1	100:20	36:6	54:9	25:5	60:10	30:5	15:3	30:10	60:20	24:8	7:1	21:3	64:8	70:10	24:3	20:4	100:10
90:9	75:15	60:10	24:6	75:15	36:6	60:10	75:15	12:4	18:6	9:3	60:20	12:4	18:6	9:3	30:10	75:15	36:4
20:2	15:3	40:10	16:4	15:3	54:9	36:6	54:9	5:1	24:8	60:20	9:3	18:6	30:10	12:4	5:1	18:2	90:9
36:4	5:1	24:6	12:3	5:1	16:4	18:3	36:6	54:9	25:5	5:1	20:4	5:1	75:15	15:3	40:8	36:4	9:1
90:9	25:5	16:4	80:20	75:15	12:3	40:10	12:2	30:5	12:2	48:8	60:10	36:6	60:10	54:9	100:20	18:2	90:9
18:2	5:1	12:3	40:10	100:20	24:6	16:4	80:20	36:6	30:5	60:10	18:3	54:9	36:6	40:10	75:15	72:8	30:3
60:6	25:5	24:6	16:4	50:10	48:12	12:3	24:6	16:4	18:3	36:6	54:9	30:5	24:6	16:4	15:3	18:2	90:9
18:2	75:15	40:10	80:20	20:4	40:20	10:5	8:4	10:5	14:7			10:5	20:10	4:2	5:1	60:6	100:10
54:6	72:8	20:4	5:1	15:3	16:4	8:4	40:10	48:12	60:30	4:2	18:9	14:7	40:10	24:6	75:15	36:4	63:7
72:9	70:10	7:1	42:6	5:1	80:20	40:20	24:6	12:3	16:4	40:10	24:6	16:4	48:12	12:3	20:4	24:3	40:5
40:5	42:6	24:3	7:1	40:8	48:12	4:2	16:4	100:20	75:15	100:20	75:15	20:4	80:20	16:4	75:15	21:3	70:10
21:3	64:8	70:10	24:3	5:1	16:4	14:7	12:3	75:15	21:3	42:6	15:3	80:20	24:6	48:12	5:1	24:3	42:6
70:10	7:1	24:3	21:3	20:4	40:10	24:6	48:12	15:3	70:10	7:1	5:1	12:3	16:4	40:10	25:5	64:8	8:1
72:9	70:10	7:1	49:7	75:15	12:2	48:8	60:10	5:1	42:6	24:3	75:15	18:3	36:6	54:9	20:4	70:10	72:9
40:5	42:6	24:3	42:6	24:3	75:15	20:4	15:3	70:10	8:1	21:3	42:6	25:5	5:1	20:4	24:3	42:6	40:5

leeres Kästchen = weiß

Schlüssel:

9-10 hellgrün **7-8** hellblau **6** hellrosa **5** schwarz **4** rosa

3 blau **2** grün **1** gelb

16. Crewmate Geist (Fortgeschrittene Division)

36:4	100:10	9:1	72:8	18:2	60:6	90:9	24:6	12:3	16:4	40:10	24:6	16:4	48:12	12:3	30:3	9:1	36:4
63:7	90:9	90:9	100:10	72:8	18:2	30:10	60:20	36:6	30:5	60:10	18:3	54:9	36:6	40:10	18:6	90:9	63:7
30:3	9:1	18:2	90:9	18:2	24:6	15:3	12:2	30:5	12:2	48:8	60:10	36:6	60:10	54:9	30:10	20:2	30:3
100:10	90:9	9:1	18:2	60:6	75:15	30:5	54:9	60:10	15:3	48:12	12:3	24:6	16:4	80:20	24:6	36:4	100:10
20:2	10:1	90:9	60:6	36:4	15:3	60:10	36:6	18:3	24:6	25:5				5:1	15:3	40:10	20:2
72:8	63:7	20:2	24:8	60:20	5:1	36:6	12:2	60:20	40:5	75:15	20:4	5:1					24:8
18:2	36:4	24:6	54:9	15:3	25:5	18:3	60:10	18:6	70:10	8:1	75:15	20:4	15:3	25:5	5:1	20:4	9:3
9:1	90:9	16:4	12:2	70:10	5:1	75:15	36:6	24:8	40:5	42:6	24:3	7:1	8:1	24:3	42:6	70:10	60:20
90:9	9:1	12:3	42:6	40:5	25:5	20:4	54:9	18:3	24:6	21:3	64:8	70:10	24:3	64:8	8:1	24:6	18:2
30:3	90:9	80:20	7:1	70:10	75:15	40:5	15:3	30:5	60:10	40:10	24:6	48:12	12:3	16:4	40:10	12:3	72:8
9:1	30:3	40:10	24:3	42:6	40:10	70:10	7:1	25:5	5:1	20:4	5:1	75:15	15:3	40:8	60:10	16:4	100:10
72:8	90:9	16:4	21:3	8:1	48:12	42:6	24:3	60:10	54:9	30:5	60:10	54:9	30:5	60:10	18:3	48:12	90:9
63:7	100:10	80:20	49:7	72:9	80:20	70:10	7:1	42:6	75:15	100:20	75:15	20:4	15:3	5:1	7:1	60:20	18:2
30:3	63:7	40:10	42:6	40:5	24:6	42:6	24:3	7:1	21:3	7:1	54:9	36:6	36:6	60:10	24:3	18:6	60:6
10:5	20:10	4:2	9:3	30:10	16:4	64:8	70:10	24:3	70:10	24:3	100:20	40:8	30:5	54:9	21:3	24:8	6:6
14:7	40:20	10:5	9:9	8:8	80:20	7:1	24:3	21:3	42:6	12:2	75:15	5:1	12:2	24:3	49:7	48:12	14:14
60:30	4:2	8:4	6:6	13:13	12:3	70:10	7:1	49:7	8:1	54:9	15:3	20:4	15:3	64:8	42:6	40:10	10:5
16:4	36:6	40:20	4:2	9:3	24:3	42:6	24:3	42:6	18:3	36:6	5:1	75:15	21:3	70:10	30:10	6:6	13:13
10:5	80:20	24:8	10:5	20:10	12:3	70:10	42:6	8:1	75:15	12:2	42:6	24:3	70:10	42:6	16:4	9:9	8:8
8:4	12:3	8:1	40:10	24:6	40:5	7:1	64:8	60:10	20:4	42:6	64:8	70:10	42:6	48:12	14:7	14:14	2:2
40:20	10:5	9:3	70:10	8:1	21:3	42:6	21:3	24:3	40:5	7:1	7:1	24:3	8:1	60:20	40:20	10:5	8:4
4:2	6:6	13:13	24:8	24:3	40:5	21:3	12:3	21:3	70:10	24:3	70:10	7:1	9:3	60:30	4:2	8:4	6:6
14:7	14:14	2:2	4:2	24:6	12:3	16:4	10:5	9:3	8:1	21:3	70:10	24:8	40:20	10:5	8:4	10:5	14:7
40:20	10:5	8:4	10:5	14:7	60:30	4:2	18:9	14:7	12:3	24:6	48:12	10:5	20:10	4:2	14:7	40:20	10:5

Schlüssel:

leeres Kästchen = weiß

9-10 beige

7-8 blau

5-6 hellblau

3-4 schwarz

1-2 hellbraun

17. Mini Crewmate 2 (Gemischt)

50+1	10x6	22+33	30x2	5x12	23+33	21+33	25x2	63-21	5x12	5+55	15x3	63-21	6x10	30x2	90-36
90-35	55+4	50+1	23+33	10x6	5x11	49-4	44:2	3x9	2x25	2x22	48:2	6x5	87-39	23+33	26x2
16+40	30x2	5x12	5+55	21+33	27+27	34+8	5x6	10x3	63-21	5x10	11+13	69:3	2x25	5x12	44+11
5x12	23+33	55+4	27x2	50+1	10x6	2x25	48:2	69:3	6x5	5x6	44:2	3x10	11x4	76-25	6x10
4x15	28x2	30x2	26x2	90-36	55+4	6x10	11x4	3x9	42:2	69:3	6x5	47+3	21+33	28x2	55+4
10x6	22x2	34+8	51-9	25x2	5x10	2x25	40:5	64:8	69:3	46:2	25-17	81:9	11x4	5x11	6x10
12x5	12x4	63-21	5x10	2x25	11x4	3x3	22x2	34+8	11+13	3x9	49-4	2x25	40:5	51-9	28x2
23+33	22x2	60-27	3x12	63-21	49-4	2x25	81:9	2x5	3x10	44:2	81:9	25-16	42+3	5x10	10x6
5x11	5x10	3x12	60-26	25x2	3x6	88-75	11x4	81:9	49:7	3x3	22x2	34+8	5x3	12x4	30x2
27+27	51-9	11x3	3x12	11x4	90-75	6x8	3x5	34+8	87-40	10x5	2x9	3x6	88-75	47+3	23+33
10x6	15x3	8x5	5x7	5x10	40:10	15-11	30:6	23-20	11x7	64-3	30:10	15-11	20:4	2x25	5x12
55+4	21+33	22x2	34+8	2x22	2x18	3x12	50-16	11x3	2x18	3x12	60-29	11x3	18x2	5x10	76-25
16+40	4x15	16+40	30x2	49-4	80:2	60-27	12x3	7x5	11x3	18x2	3x11	11x4	3x12	25x2	34+21
21+33	90-36	5x12	23+33	34+8	2x18	3x12	60-26	47+3	11x4	49-4	2x25	2x18	12x3	12x4	4x15
11x7	12x6	57+22	21+45	12x4	59-25	11x3	3x12	5x10	61+1	2x22	50-16	5x7	60-26	42+3	11x7
45+21	22+57	11x7	80-1	25x2	5x7	8x5	18x2	12x4	11x7	12x4	12x3	7x5	3x12	49-4	45+21
11x7	64-3	17x4	5x15	70-9	30:10	15-11	20:4	87-40	22+57	22x2	15-11	30:6	23-20	34+8	58+19
64-3	2x32	41+21	39x2	80-1	5x10	12x4	49-4	64-3	50+23	12x6	12x4	2x25	2x22	11x7	66-3
60+6	57+22	45+21	52+22	11x7	11x7	18x6	45+21	57+22	11x7	39x2	12x6	46+17	45+21	64-3	39x2
64+8	11x7	12x6	57+22	45+21	41+21	39x2	4x11	5x10	11x4	12x4	2x25	64-3	11x7	39x2	64-3
80-1	17x4	88-9	41+21	12x6	11x7	2x25	2x22	87-40	27x2	50+1	10x6	10x5	61+1	64-3	12x6
39x2	41+23	58+19	39x2	15x3	63-21	51-9	80:2	2x25	28x2			2x22	39x2	61+1	11x7
11x7	64-3	12x6	64-3	11x4	2x18	51-9	2x18	63-21	90-35	55+4	50+1	5x10	17x4	5x15	70-9
57+22	39x2	11x7	40+25	10x5	5x7	5x10	59-25	60-26	25x2	63-21	5x10	58+19	11x7	64-3	17x4
39x2	11x7	64-3	39x2	2x22	7x5	12x4	11x3	2x18	3x12	60-29	11x4	66-3	64-3	2x32	41+21
64-3	73-3	12x6	2x32	5x10	63-21	47+3	2x18	22x2	34+8	50-16	11x3	25x2	60+6	57+22	45+21
11x7	46+17	64-3	12x6	11x7	34+8	2x25	5x7	60-26	11x4	12x3	7x5	12x4	64+8	11x7	12x6
45+21	39x2	11x7	57+22	64-3	12x6	4x11	15x3	63-21	25x2	2x22	4x11	12x6	49+17	2x32	17x4

Schlüssel: **leeres Kästchen = weiß**

61-79	helllila	51-60	hellblau	41-50	schwarz	31-40	grün
21-30	hellgrau	11-20	hellgrün	6-10	rot	1-5	braun

18. Impostor 2 (Gemischt)

5x12	23+33	55+4	27x2	50+1	10x6	16+40	4x15	16+40	30x2	28x2	55+4	5x11	15x3	63-21	25x2	2x22	4x11	26x2	5x12	44+11	5x12	44+11
4x15	28x2	30x2	26x2	90-36	55+4	21+33	90-36	5x12	23+33	5x11	6x10	2x22	2x18	12x3	50-16	11x3	3x12	10x5	76-25	6x10	76-25	6x10
90-35	55+4	50+1	23+33	10x6	5x11	30x2	90-36	5x12	44+11	26x2	25x2	3x12	5x7	60-26	12x3	7x5	5x7	60-26	34+8	5x11	23+33	26x2
16+40	30x2	5x12	5+55	21+33	27+27	23+33	26x2	76-25	6x10	5x11	12x4	2x18	7x5	3x12	60-26	80:2	22x2	34+8	51-9	25x2	5x12	44+11
23+33	27+27	50+1	10x6	22+33	30x2	5x12	23+33	30x2	90-36	12x4	2x18	3x12	50-16	50-16	11x3	2x25	5x11	16+40	4x15	16+40	30x2	28x2
5x12	10x6	90-35	55+4	50+1	4x11	5x10	11x4	12x4	2x25	42+3	80:2	60-27	12x3	12x3	7x5	12x4	63-21	5x10	2x25	11x4	6x10	10x6
76-25	55+4	16+39	21+33	87-40	11x3	2x18	3x12	60-29	47+3	2x18	2x18	3x12	60-26	80:2	60-27	12x3	10x5	50-16	11x3	3x12	25x2	30x2
34+21	16+40	55+4	4x15	2x25	18x2	50-16	11x3	5x7	2x25	5x7	59-25	11x3	3x12	2x18	3x12	60-26	2x22	12x3	7x5	5x7	12x4	23+33
4x15	21+33	21+33	90-36	26x2	34+8	12x3	7x5	50-16	5x7	60-26	5x7	8x5	18x2	59-25	11x3	3x12	11x3	2x18	3x12	10x5	5x11	5x12
57+22	45+21	52+22	61+1	7x11	39x2	25x2	2x22	2x18	3x12	50-16	11x3	2x18	3x12	60-29	3x12	2x18	5x7	12x4	25x2	11x7	64-3	17x4
11x7	12x6	57+22	5x15	70-9	64-3	41+21	2x25	2x22	87-40	15x3	63-21	51-9	5x10	63-21	47+3	34+8	2x25	47+3	39x2	64-3	2x32	41+21
17x4	88-9	41+21	64-3	17x4	61+1	2x22	5x11	5x12			5+55	4x11	15x3	3x8	44:2	3x9	8x3	8+34	64-3	60+6	57+22	45+21
41+23	58+19	39x2	64-3	2x32	34+8	27+27				23+33	30x2	5x2	18:2	12x4	5x6	10x3	6x5	25x2	63-21	5x10	57+22	22+57
11x3	5x7	80-1	60+6	57+22	11x4	5+55	21+33	27+27	23+33	26x2	60:6	81:9	30:5	47+3	48:2	69:3	9x3	2x25	9x3	44:2	15x3	64-3
20:4	15-11	50-16	64+8	11x7	25x2	81:9	49:7	3x3	49:7	3x3	40:5	36:6	35:5	2x25	44:2	6x5	3x8	51-9	3x6	3x8	11x4	2x32
12x6	8x5	18x2	12x3	45+21	52+22	2x22	72:8	60:6	81:9	5x2	36:6	2x22	87-40	5x6	11+13	69:3	3x9	3+47	90-75	36:2	10x5	57+22
7x11	57+22	30:6	60-26	50-16	25x2	80-1	4x11	15x3	63-21	25x2	2x22	4x11	3x10	9x3	44:2	3x10	2x30	5x10	29-10	90-75	2x22	5x15
64-3	11x7	64-3	3x12	34+8	69:3	3x6	5x10	23+33	26x2	48:2	69:3	6x5	6x5	44:2	3x10	30x2	5x12	12x4	8+6	9x2	5x10	64-3
12x6	20:4	80-1	2x25	3x10	6x5	5x3	87-40	36:6	35:5	5x12	44+11	93-75	11x5	5x12	44+11	27+27	50+1	47+3	93-75	3x6	10x5	2x32
64-3	45+21	64-3	80-1	6x5	69:3	88-75	2x25	16+40	4x15	16+40	8+6	9x2	21-10	76-25	6x10	10x6	90-35	2x25	3x5	30-11	2x22	57+22
11x7	11x7	39x2	80-1	17x4	88-9	41+21	63-21	25x2	63-21	5x10	3x6	34+8	29-10	11x4	12x4	2x25	42+3	4x11	4x4	93-75	5x10	11x7
30:6	61+1	64-3	39x2	41+23	58+19	39x2	5x10	90-75	6x8	3x5	2x9	3x6	88-75	28-11	8+6	9x2	21-10	15x3	63-21	25x2	2x22	2x32
11x7	39x2	61+1	11x7	64-3	12x6	64-3	25x2	29-10	2x22	21-10	90-75	36:2	8+6	3x6	93-75	63-21	25x2	25x2	45+21	22+57	11x7	80-1
64-3	17x4	5x15	57+22	39x2	11x7	40+25	12x4	3x5	30-11	34+8	51-9	63-21	5x10	49-4	91-74	3x6	29-10	2x25	7x11	64-3	17x4	5x15
39x2	64-3	15-11	39x2	11x7	64-3	39x2	42+3	4x4	93-75	29-10	5x10	11x7	64-3	2x22	3x5	5x3	3x6	63-21	64-3	2x32	41+21	39x2
64-3	12x6	6x13	64-3	73-3	12x6	2x32	49-4	6x8	3x5	2x9	12x4	64-3	2x32	12x4	3x6	88-75	28-11	25x2	60+6	57+22	45+21	52+22
61+1	11x7	75-5	11x7	46+17	64-3	12x6	34+8	12x3	7x5	5x7	47+3	60+6	57+22	22x2	5x7	59-25	11x3	11x4	64+8	11x7	12x6	57+22
40:10	15-11	40:8	30:6	64-3	2x32	41+21	45+21	63-21	47+3	34+8	12x6	64+8	11x7	41+21	2x22	87-40	15x3	12x6	80-1	17x4	88-9	41+21

leeres Kästchen = weiß

Schlüssel:

61-79 grün
51-60 hellblau
41-50 schwarz
31-40 grau

21-30 hellbraun
11-20 dunkelblau
6-10 blau
1-5 rot

Crewmate Käsehut

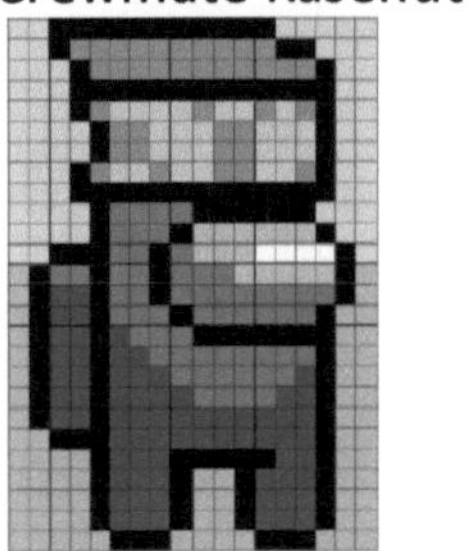

Crewmate Wikinger

Crewmate Klorolle

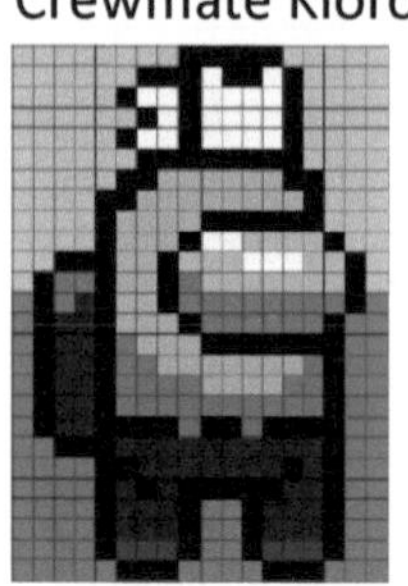

Crewmate Polizist

Crewmate Taucher

Crewmate Bauarbeiter

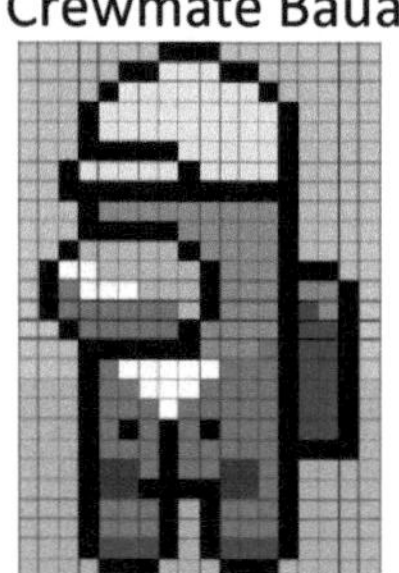

Crewmate Fluglotse

Crewmate Astronaut

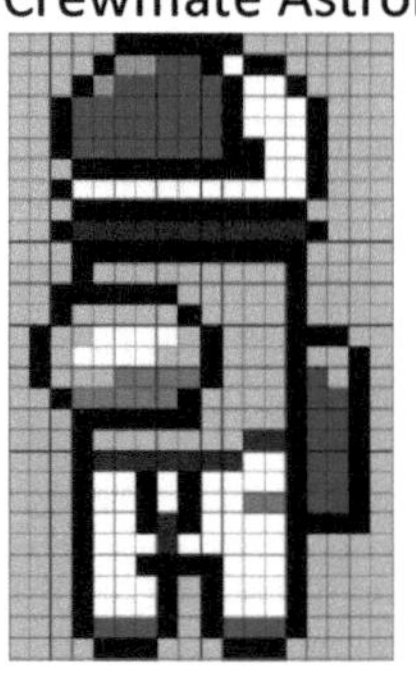

Crewmate Doktor

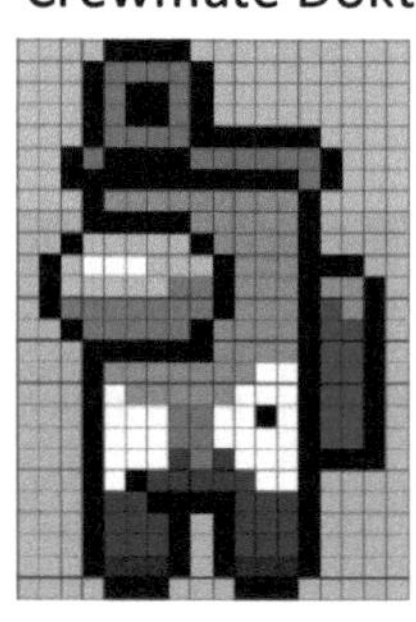

Crewmate Anzug

Mini Crewmate 1

Crewmate Postbote

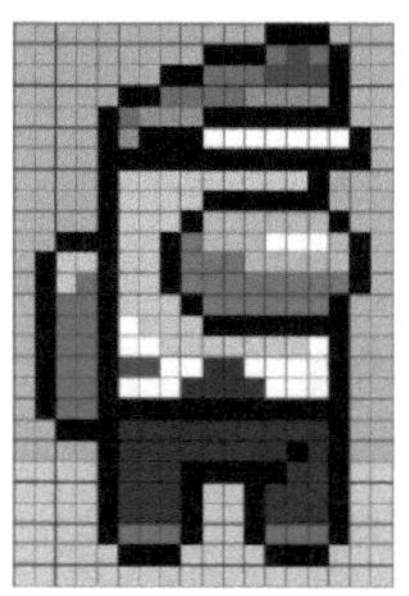

Crewmate Lichtkegel

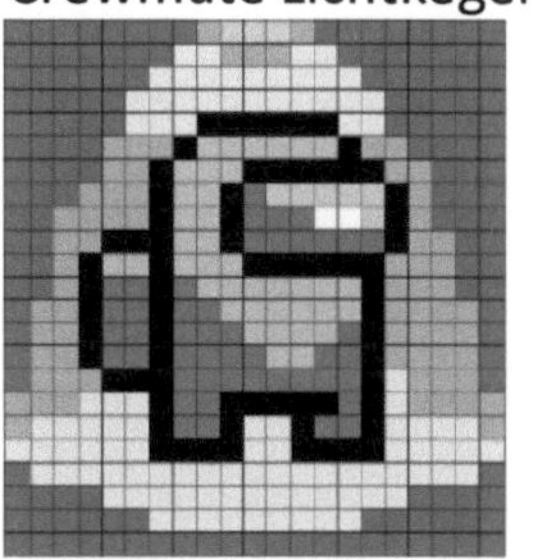

Mini Crewmate 2

Impostor 1

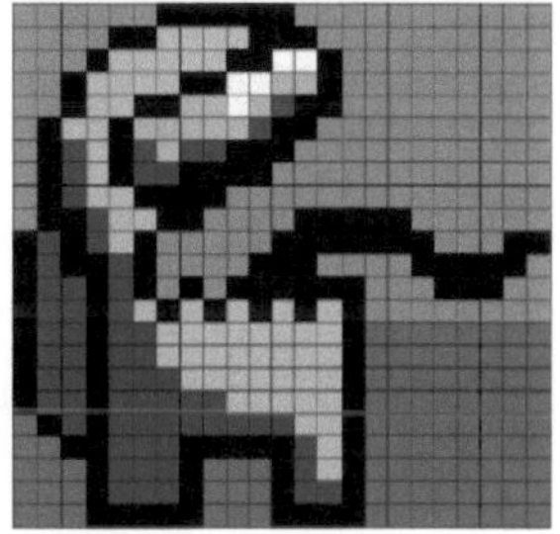

Crewmate Geist

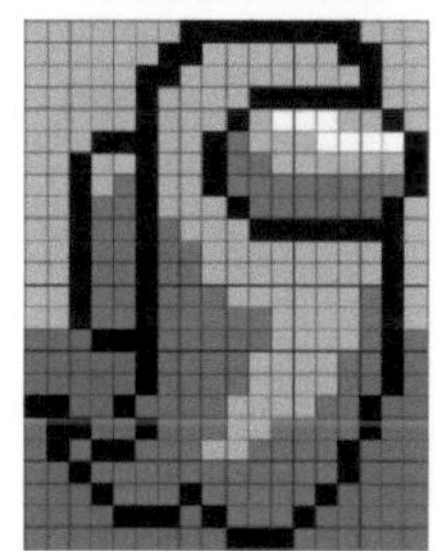

Crewmate Blume

Impostor 2

Das
SUPER
AUSMALBUCH
für Ameng.us Fans

Das
CREWMATES
AUSMALBUCH
für Ameng.us Fans

Das
SUPER
LABYRINTHE
BUCH
für Ameng.us Fans
7
13

Passwort
Logbuch
für Ameng.us Fans

Das
MATHE
AUSMALBUCH
für Ameng.us Fans

WIE MAN
SKINS
ZEICHNET
für Ameng.us Fans

Das
WORTSUCHRÄTSEL
BUCH
für Ameng.us Fans

Das
SUPER
QUIZBUCH
für Ameng.us Fans
QUIZ

CARTOONS
und WITZE
für Ameng.us Fans
WTF!

Notizbuch

Crewmate Notizbuch

Impostor
Notizbuch